JORGE MAUTNER

VAMPIROS E COQUEIROS

CADERNOS ULTRAMARES

ORGANIZAÇÃO E PROJETO GRÁFICO

Marcos Lacerda, Ana Paula Simonaci e Sergio Cohn

CONSELHO EDITORIAL

André Botelho

Bernardo Esteves

Boaventura de Souza Santos

Evelyn Goyannes Dill Orrico

Fréderic Vanderberghe

José Luis Garcia

Maria João Cantinho

Renato Rezende

Teresa Arijón

Vagner Amaro

ISBN 9786586962468

azougue press |
coordenação geral Sergio Cohn
coordenação editorial
Sergio Cohn — Darien Lamen — Cristián Jiménez Plaza
Brasil | CNPJ 12.272.339/0001-26
Portugal | Oca Editorial NF 515805394
USA | E. Id. 803650511
Chile | Tucán Ediciones RUT 77.369.106-1

A proposta dos Cadernos Ultramares é transpor fronteiras. Não apenas geográficas, com a edição de um amplo panorama do pensamento brasileiro para o público português, mas também entre as áreas do saber, criando uma coleção transdisciplinar, acessível não apenas para leitores especializado, pesquisadores e acadêmicos, como para interessados em geral.

Para isto, os Cadernos Ultramares privilegiam a leveza do ensaio, a "brigada ligeira", utilizando-se de um gênero marcado pela abertura e experimentação, uma forma privilegiada para a proposição e a apresentação de interpretações da cultura e da sociedade. Nos últimos anos, o gênero ensaio tem sido revalorizado como um importante meio de diálogo entre a pesquisa acadêmica e a sociedade.

O Brasil possui uma produção riquíssima de pensamento em diversas áreas, que vão da física à antropologia, da matemática às artes. Os Cadernos Ultramares, ao trazerem importantes textos de alguns dos nossos mais renomados pensadores, sejam clássicos ou contemporâneos, busca possibilitar ao leitor um olhar amplo e qualificado sobre essa produção.

Interessa-nos a constituição de um diálogo entre áreas, de uma conversa aberta que escape das armadilhas do pensamento especializado e do produtivismo acadêmico. Interessa, antes de tudo, a valorização do encontro do leitor com o sabor do texto, do prazer da leitura e da troca livre de pensamento.

apresentação

POR SERGIO COHN

Uma tarde, em 2001, quando estava editando as obras completas de Jorge Mautner, *Mitologia do Kaos*, meu pai veio me visitar. Ficamos lendo e conversando sobre o livro e, no fim do dia, ele, também um filho de judeu exilado, fez um comentário que me marcou: "é impressionante, Mautner representa a completa síntese do que o nazismo abomina e gostaria de aniquilar: o judeu, o cigano, o artista criador — enfim, a figura na qual convive tudo aquilo que se exprime na ideia maldita, impensável para o nazista e de modo geral para a direita rancorosa: a mobilidade. Pois o nazismo (e o fascismo, e, com bases diferentes, o stalinismo) antes de mais nada busca substituir a mobilidade (que é, concretamente, liberdade, e vai para todos os lados, o que inclui reflexão e criação) pela mobilização a partir de cima".

Foi então que entendi uma das afirmações fundamentais de Mautner, de que ele é "o vingador de Auschwitz, Sobibor e Treblinka". Isso não é mera provocação, nem mesmo loucura. Mautner utiliza uma arma inteiramente oposta à de seus adversários. Se os nazistas utilizam a morte para atingir os seus objetivos, em Mautner o instrumento é a vida. Ele sabe que a sua própria existência e liberdade significam a derrota máxima dos ideais nazistas. E também por isso a sua gratidão pelo Brasil, a terra que abrigou a sua família, e que para ele é a promessa de um mundo livre dos terrores do autoritarismo e das políticas do ódio. "Ou o mundo se brasilifica ou vira nazista", como afirma.

"Para os padrões ocidentais, talvez eu seja uma das pessoas mais livres do mundo", Mautner já declarou numa entrevista. E é a mais pura verdade. Mautner, que se auto-denomina o profeta do Kaos (com K, o movimento que criou cerca de 60 anos atrás e mantém ativo), é mais do que isso. É, dentro da grande tradição judaica, um *nabi*, palavra muito mais rica do que a grega "profeta", como nos lembra Paulo Leminski: "Em grego, a palavra 'pro-feta' quer dizer 'o que fala para a frente', o que advinha o futuro, portanto. Como Tirésias, a Pítia ou a Sibila. Ora, um nabi era mais do que isso. Era uma espécie de 'louco de Deus', desfrutando das imunidades das crianças, dos muitos velhos e dos loucos da corte. E seus riscos".

É essa liberdade que encontramos na escrita de Mautner, sejam romances, canções, ensaios ou poemas. Uma liberdade informada por trocas existenciais e intelectuais. Mautner é, por natureza e escolhas políticas, um pensador aberto aos "imensos diálogos", como ele mesmo diz. "O que mais tenho feito por aí é conversar". Por isso, figuras do seu convívio cotidiano permeiam seus ensaios, aparecem como um resquício biográfico que se confunde com sua extensa erudição de leitor voraz. São ensaios movidos pela capacidade de Mautner de pensar, com toda alegria e liberdade poética, sobre política, ciências, artes e comportamento. Ensaios pontuados pela sua gargalhada auto-irônica, "o princípio da democracia". É dessa coragem em se aventurar livremente pelas ideias que nasce uma das principais contribuições dos nabis soltos pelo mundo, dos quais Mautner é um dos mais fortes representantes: arejar nossos pensamentos, trazendo a possibilidade de encanto e renovação.

Salve Jorge!

*

Jorge Mautner nasceu no Rio de Janeiro, em 17 de janeiro de 1941, um mês depois dos pais chegarem ao Brasil, fugindo do Holocausto. Sua mãe, Anna, era de origem iugoslava e católica. Seu pai, Paul, um judeu austríaco. Em consequência do trauma de deixar a outra filha na Europa, a mãe de Mautner sofreu crises de paralisia, o que obrigou a família a buscar uma babá, Lúcia, para cuidar do filho. Lúcia era ialorixá e apresentou Mautner para o candomblé, o que foi de grande importância para a sua vida e obra, marcada pelo encontro do erudito com o popular.

Em 1948, os pais de Mautner se separaram, e a mãe se casa com o violinista Henri Müller, que tocava na Orquestra Sinfônica de São Paulo, cidade para onde se transferem. Henri ensinou Mautner a tocar violino, instrumento que o acompanha por toda a vida. Ainda muito jovem, Mautner chama atenção por sua obra literária — Dora e Vicente Ferreira da Silva publicam fragmentos dos seus escritos ainda em 1959, na importante revista *Diálogo*, e Flávio de Carvalho, ao lê-lo, define a sua escrita como "indígena". Em 1962, publica o seu primeiro livro, *Deus da chuva e da morte*, que ganha o prêmio Jabuti de melhor romance. O livro é o primeiro volume de sua Trilogia do Kaos, completada com *Kaos* (1964) e *Narciso em tarde cinza* (1965).

Em 1962, a convite do físico e crítico de arte Mário Schenberg, Mautner adere ao Partido Comunista Brasileiro. Em 1964, escreve uma coluna para o jornal *Última Hora*, "Bilhetes do Kaos", onde expõe as suas ideias em torno de uma nova Mitologia do Kaos. Após o Golpe civil-militar de 1964, é preso e só liberado sob a condição de se expressar mais cuidadosamente. Mas segue provocando, e após publicar o romance *Vi-*

garista Jorge, em 1965, se vê obrigado a sair do país, se exilando em Nova York, onde vai trabalhar para a Unesco e depois como secretário do poeta Roberto Lowell.

Em 1970, vai para Londres, onde conhece Caetano Veloso e Gilberto Gil, que estavam lá exilados. Em Londres, dirige e atua no longa-metragem *O Demiurgo*, com participação dos músicos tropicalistas e também de Jards Macalé e José Roberto Aguilar, entre outros. Logo depois, volta ao Brasil, onde segue escrevendo e começa uma reconhecida carreira musical. Em 1972, conhece o violonista Nelson Jacobina, que se torna seu parceiro em grandes clássicos da música brasileira, como "Maracatu atômico" e "Lágrimas negras". Mautner segue nas décadas seguintes criando uma extensa obra transdisciplinar. Ensaio, literatura, música, cinema — tudo vira plataforma para a expressão de suas ideias originais.

Os três ensaios reunidos neste volume dos Cadernos Ultramares foram publicados originalmente em 1973, no livro *Fragmentos de Sabonete*. São textos realizados no período em que Mautner morou em Nova York, como "Vampiros e coqueiros", onde ele fala sobre a cidade e a cultura da época e elabora um olhar primeiro sobre o que seria a World Wide Web ("Haverá máquinas imensas, cérebros eletrônicos imensos, onde os seres colocarão cartões indicando quais os outros seres que eles querem conhecer. E assim a comunicação será total: os bilhões de seres vivos, que se agitam como geleia neste mundo poluído, travarão contato carnal e espiritual através do imenso sistema nervoso das máquinas promovendo o encontro dos variados sexos e intenções. Fico olhando para esta cidade de Gotham City, espantado e triste, imaginando quantos seres maravilhosos deixo de conhecer porque estas máquinas ainda não estão em funcionamento!"), e também de sua volta ao Brasil, onde encontra um cenário diverso da sua partida ao exílio, em 1965 — uma contracultura resistindo à repressão da ditadura militar e criando novas formas de convívio.

Os textos mostram a originalidade e liberdade de Mautner com o gênero ensaio, expondo uma reflexão bastante original sobre questões que passam por política, cultura e tecnologia, e são um registro relevante do pensamento contracultural brasileiro, dialogando com a Tropicália e a cultura marginal que surgia naquele momento, respondendo com coragem e criatividade ao clima repressivo da ditadura e abrindo caminho para novas formas de lidar com o mundo, em questões que seguem tão urgentes, como ecologia, gênero, coletividade e liberdade individual.

VAMPiROS e COQueiROS

Em Nova York o tempo está chumbo; as pedras estão inchadas de calor e suando sangue; o vento negro, como se fosse a capa sombria do homem-morcego, Batman, faz estremecer as bandeiras penduradas pela cidade, que são coloridas e têm muitas estrelas.

Alguns jovens, de cabelos muito compridos, cambaleiam pelas ruas; porque a morte sufoca a atmosfera da cidade, intoxicando até insetos e ratos. Os jovens são anjos pagãos; e, no cais, subitamente, chegou um antigo navio cheio de marinheiros que cantam sobre o verde mar que existe longe, muito longe, depois da Estátua da Liberdade.

Um robô eletrônico, parado na esquina, começa a urinar. Um barulho inquietante ergue-se como um monstro na esquina em que latas de cerveja rivalizam com latas de coca-cola, empilhadas em outro monte rival.

Um homem vestido de negro, com os cabelos pintados em faixas azuis e vermelhas, recita versos acima do bem e do mal, enquanto baratas pequenas sobem por seu corpo.

O sol de verão é um êxtase vermelho, um limão velho e maduro sendo espremido num céu de soda azul. As causas do niilismo são os pr, xz, xxxx, i.i.i..

O niilismo é a ideologia da liberdade? Cacos, pedaços desconexos de tudo, ausência de tudo, ausência de ideologia construtiva, porque se anseia hoje a destruição e a negação que foram negadas e reprimidas durante tantos séculos. Existem, no entanto, os deuses que são astronautas e o existencialismo positivo.

O que realmente acontece com a História? Ninguém sabe. E, portanto, torna-se inquieto aquele que maneja o instrumento do saber histórico, mas que não derrama o roxo sangue da paixão. Nas mãos, permanece o instrumento, uma extensão do braço, algo retilíneo, agudo, de metal delicado (a sensibilidade de certos instrumentos tecnológicos contemporâneos é tão aguçada como a alma), registrando com nervosismo os terremotos das cidades e dos labirintos das multidões.

A ação está incorporada às coisas e aos objetos.

As Koisas são pedaços de objetos que vagueiam pelo espaço, sem direção, como a alma perdida do ser que é homem e mulher.

O enigma aproxima-se — arfando agora como um animal — e a intenção ficou esquecida na maleta das ideologias, perto daquele antigo trem-fumaça, que já partiu para a floresta.

Não há vazio que não seja preenchido de sensualidade.

As chuvas de verão deveriam cair sempre em linha reta.

Mas eis que sou devorado por miríades de sensações esparsas, produto do medo e de novas fábricas, surgidas da nova tecnologia, fábricas soturnas como castelos nas sombras, protuberâncias sombrias de ferro e ângulos. Até o vento por aqui passa transformado, como a cauda de um cansado vampiro.

O coração é uma velha paixão pintada de roxo no céu azul, que é o teto das fábricas de ferro pontiagudas. As fábricas são castelos de vampiros e o apito delas, o uivo triste do violino da melancolia. A neve colossal pintou de branco os arredores das fábricas, mas a cor preta das paredes e muros e tetos das fábricas permanece. Depois, tudo mergulhou dentro do tempo.

Outra maravilha é a matéria plástica, mas, como ela é mais generalizada, cai no setor da abstração maior, do universal, das categorias mais vastas e oceânicas.

Haverá máquinas imensas, cérebros eletrônicos imensos, onde os seres colocarão cartões indicando quais os outros seres que eles querem conhecer. E assim a comunicação será total: os bilhões de seres vivos, que se agitam como geleia neste mundo poluído, travarão contato carnal e espiritual através do imenso sistema nervoso das máquinas promovendo o encontro dos variados sexos e intenções.

Fico olhando para esta cidade de Gotham City, espantado e triste, imaginando quantos seres maravilhosos deixo de conhecer porque estas máquinas ainda não estão em funcionamento!

O humanismo será tecnológico, eficiente, dirigido completamente para o presente.

Um barco romano singrava os mares e os escravos remavam em direção ao porto fenício aonde iam trocar mercadorias.

A democracia evoluirá para dimensões incríveis de coletivizações totalizantes, espetáculos de rock cada vez mais gigantescos, espetáculos de participação coletiva integral.

A curva da nova moral será oscilante, como a luz; um pacote de energia ondulado e oscilando em todas as direções.

Não é a moral um produto da alma? É, portanto, uma explosão de luz, explodindo para todos os lados ao mesmo tempo.

Todos os nervos despedaçados, em cacos, espalhados pela cidade de cubos. Um sol que também despedaçou-se e uma ecologia que não responde aos anseios mais profundos, porque instalou-se um terremoto no sol, constantemente.

Não há alívio, nunca. Só uma velocidade de ritmos diferentes e tudo em permanente deslocamento, oscilando em direções opostas, retraindo-se e voltando para dentro de si mesmo, explodindo em muitos cacos coloridos.

A minha carne é assim, vive assim, compromete-se assim, e neste despedaçamento atinge sua densidade porque está montada num cavalo metálico que se chama rock'n'roll.

A eletricidade é a carne.

Há um sabonete na esquina do mundo, um sabonete muito sozinho, derretendo-se, um sabonete virando água por causa do calor na esquina da Rua 42.

Eu comprei um sabonete e coloquei no banheiro. Ele é verde e tem muita clorofila. Gosto dele, ele esfrega-se no meu corpo e sua espuma é abundante.

Às vezes dá vontade de comer o sabonete. Acho que isto é uma espécie de amor, amor desenvolvido numa sociedade de consumo ultra-industrial. Mas chega de explicações! Amor é cego! Amo este sabonete, e pronto! Que bom que ele vem em série, em superprodução.

Assim, há milhões de sabonetes. Como se vê, o inconveniente da individualidade não existe, outra maravilha destes tempos de produção industrial eletrônica.

A descentralização atinge o cerne da alma e ela reage, explodindo em todas as direções com alegria satânica, reprimida por séculos de monoteísmo espiritual, fruto da escassez. Hoje, saúdo como num circo romano, com pose ateniense, a chegada do hedonismo libertário, que chega acompanhado de ninfas e por um cortejo de diáfanos rapazes de pele queimada, todos cobertos por coroas de louros.

O sabonete é um produto perfumado do reino dos sonhos dos marajás da Índia e dos loucos do deserto.

Quero também fazer uma declaração de amor para a coca-cola, que é um tubo vermelho, uma lata maravilhosa, um suco do paraíso, que está sendo ultimamente a bebida preferida de todos os deuses do Olimpo e dos deuses de todos os vodus, da África, do Caribe e do Brasil.

Quatro pessoas (seres, para ser mais democrático e igualitário; daqui em diante não direi mais se são homens, mulheres ou outra coisa; direi que são seres, pois esta é a nova nomenclatura) estavam reunidas comendo hambúrgueres, numa sala que tinha uma luz somente, encravada no teto. Luz branca e fria, direta e concisa, como a arquitetura funcionalista da Suécia.

Depois fomos ver um filme de Andy Warhol, e depois fomos urinar no banheiro, e depois bebemos coca-cola, e depois nos banhamos com sabonetes verdes, que foram se derretendo à medida que nossos corpos eram esfregados por estes sabonetes maravilhosos, como se fossem pedras verdes, talismãs.

E depois a noite caiu em perspectiva azul sobre Nova York, como se somente isso já fosse um poema de ternura arduamente conquistada nesta cidade de labirintos tortuosos, angústias expressionistas de vampiros e verão infernal. Oh, a ternura que brota de tantas carnes nuas desintegradas, despedaçadas, brilhando depois do banho com sabonete verde!

A verdadeira paz coletiva somente acontecerá quando a ONU pregar o amor coletivo.

Continua o meu deslumbramento pelos sabonetes verdes e pela coca-cola. E, de um outro ângulo, pela matéria plástica, que, como um imenso tapete mágico, cobre todos os países.

Não percebem que esta é a essência do futuro, que já é contemporâneo? Que esta é a ideologia do atual vertiginoso?

A polícia chega aos lugares rapidamente, os sabonetes estão empilhados em enormes caixas, dormindo, esperando que alguém os use sensualmente no corpo.

As coca-colas sabem que serão bebidas. E a matéria plástica multiplica-se.

Estou perto do parque cujas árvores derrubam folhas que caem na cabeça dos esquilos. Não há possibilidade de um lugar mais prenhe de fogo do que um bar chamado Sanctuary, que é uma discotheque construída numa ex-igreja. Há um satã pintado de vermelho logo na entrada. Os seres requebram soul num imenso lugar cercado de vitrais coloridos. Não há possibilidade de tédio quando o tédio se transforma em ação.

Quatro aviões a jato roncaram ao lado dos dragões que dormiam em ocultas nuvens atrás da catedral. A chuva chegou como num pesadelo germânico. Ciprestes, romantismo, intuições do terrível.

E eu cantei no banheiro esfregando-me com uma partícula de sabonete verde e sentindo-me bem, ao sentir-me partícula de coisas (embriaguez da liberdade radical), enquanto chovia lá fora e os outros seres dormiam e eu cantava meu último soul music.

A pirâmide movimentou-se (foi o vento que deslocou nuvens e assim a impressão surgiu) e o grito dos pássaros assustou os peixes.

Estávamos tomando banho numa banheira, enquanto, lá fora, chovia uma densa chuva escura e trágica, lembrando chuvas germânicas, caindo em cima de florestas de ciprestes, bosques sombrios, cogumelos no musgo.

O banheiro era de matéria plástica e tinha inscrições egípcias, incas e hindus. Alguns ideogramas chineses, em alto-relevo, perdiam-se pelos encanamentos expostos.

Éramos quatro seres nus, esfregando sabonetes verdes que eram talismãs da nova magia em nossos corpos nus e ansiosos. Os sabonetes desapareciam como objetos luminosos do espaço, meteoros verdes, quando os entranhávamos em nossos corpos nus e molhados. A água do chuveiro era a mesma água da terrível chuva lá fora, que molhava os sombrios tetos da cidade escura. Um tremor de prazer percorria nossos corpos.

Nós quatro éramos quatro pássaros molhados a sacudir as penas numa banheira que era um barco enorme. Havia um grande inseto, um besouro dourado, que era o início de uma longa viagem.

Mas eu preferi a coca-cola aquela noite e, assim, depois, urinamos e o líquido dourado do corpo escorreu para o esgoto de Nova York e juntou-se à chuva lá fora.

Vivemos em comunidade porque esta é a forma mais democrática de relacionar-se. E também por causa da tecnologia, da superpopulação, da descentralização, do desaparecimento do individual neurótico. A democracia é evidente por si mesma. Há vários níveis de estruturas democráticas dependendo do momento histórico. Nós quatro somos seres interligados por um fio plástico.

O rock'n'roll desintegra consciências e inaugura novos níveis de comunicação. É a música mais democrática que já existiu na face da Terra. Desencadeadora de profundas convulsões sexuais, de alma e de sistema nervoso.

O novo sistema nervoso é azul e verde. É como uma central telefônica de satélite artificial, reagindo com simultaneidade aos diversos apelos registrados.

Não havia mais nada a fazer e rolaram no chão, dengosamente agarrados a coisas sem nome, coisas cuja aparição é uma surpresa.

Nova York é cheia de conflitos. Vi Batman voando pelo céu, com Robin, em seu batmóvel. Vi também a lenta e novíssima humanização paganizante tomar conta deste mundo, como uma onda segura. Estou caminhando perto das estrelas, ao pisar este chão perto destas vidraças de ray-ban, iluminadas como se fossem estrelas piscando neste edifício ao lado de muitos edifícios, com janelas brilhando como estrelas faiscantes em Nova York. Daqui dá pra ver o rio, que é antigo e ainda é de água.

Os trópicos são transportáveis, perfeitamente transportáveis, e a saudade pertence ao velho vocabulário.

Palmeiras, sóis, bananeiras, palmito, tudo isto é transportável. E, se não for, a gente mesmo se transporta em imagem simultânea.

A América é um grande burburinho de canções.

O grande sussurro preto acompanha os tempos, na América como um zumbido constante expondo com agressividade sua presença, reclamando cada vez mais o reconhecimento em todos os níveis. É a grande trombeta de Jericó, dourada, tocando no deserto, cercada por diferentes tribos de hippies e culturas dançarinas (cada vez mais, cada vez mais), introduzindo as danças da graça e da doçura.

São transportáveis todas as coisas, mas, em especial, os trópicos. Fico a cismar no sol negro da meia-noite que tem na Suécia. Até a natureza ali é funcional!

E o vocabulário esquecido? As culturas mortas? Civilizações que nada mais nos dizem? Etruscos? Atlantas? Incas? E outras? E tantas outras?...

Na noite e no dia os pedaços são os mesmos, precisamos nos acostumar a não fazer diferença entre o dia e a noite. Sol e lua são duas abstrações neste nível.

A eletricidade triunfou sobre a escuridão e os pedaços são os mesmos, flutuando, sempre flutuando, como cacos de um vaso grego espatifado, cujo significado antigo desapareceu e surgiu um novo para cada caco flutuante e para as relações entre os diversos cacos flutuantes. Voltou-se ao estado de antes da construção do vaso.

Os cacos têm pedaços de lua que não são lua e raios de sol untados com pedaços de carne humana. E por que continuam flutuando?

A chuva continua minha companheira leal, desencadeadora da poesia profunda e dos mitos. Caminho por entre ciprestes molhados e os meus pés vão pisando folhas no chão.

O Grande Mundo Tecnológico é assustador e promove a grande modificação do sistema nervoso de todas as criaturas, quer elas queiram, quer não.

Mas estas observações são laterais, porque o que realmente importa é saber captar, entender e concretizar (transformar a ação e gestos) este novo encadeamento de relações, estabelecer uma coerência (não importando o nível em que ela se desenrole) que encadeie estes elos flutuantes de ansiadas analogias.

Os anjos e os monstros caminham lado a lado com profunda precisão.

Um conjunto de rock sempre será um conjunto de rock: desencadeador, deflagrador de ética libertária.

Música da sociedade pós-industrial, música democrática, popular.

Não haveria possibilidade de interligar estes fatos de maneira definitiva?

Assim como o samba, sacudindo o terreiro da Escola de Samba, inaugura um Dionisius mais profundo e original, o que falar então dos tambores e cantos do candomblé, das umbandas, quibandas e macumbas por todo o território nacional? Cânticos e flores selvagens, com a beleza da sensualidade tropical.

Ah, minha irmã querida, Alphaville nos domina o sangue, o mundo novo cuspiu o seu desprezo em nós. E então vamos reencontrar a senda perdida só depois (e isto muito depois) de nos termos novamente perdido pelas curvas e triângulos e esquinas do labirinto.

A chuva regou minha boca como um orgasmo. Eu já não sentia mais sede. Estava saciado e andando à vontade por entre aqueles trovões e relâmpagos, que furavam a verde terra de onde brotavam palmeiras que pareciam trombas de elefantes. Às vezes, fazia um gesto e parecia pegar com as mãos — como se pegasse uma espada ou um filhote de pássaro — os relâmpagos luminosos e fascinantes. O céu era de um azul-escuro e havia tomates e cerejas pelos campos verdes. Antas e palmeiras, araras e cheiro de chuva.

Encontrei um pedaço de saudade voando pelo ar, um tormento, uma agonia, uma aflição. Era a letra de um samba que, quando bateu em mim, me fez chorar e arrancou sangue do meu coração, sangue da cor dos tomates e das cerejas. Era um sangue nascido no estômago do morro. Falava de infinitas coisas que me davam uma saudade de não sei o quê. Eram coisas de África, tambores e estandartes a girar pelo ar, que nem a beleza da vertigem.

Cores e trapos, melancolias e corações suspirando numa profusão de cinzas queimadas e incensos hindus, estranhamente presentes naquele sol de meio-dia sobre o espelho que era a Baía de Guanabara.

As emoções correm como um rio de cobre por dentro da minha carne.

Mas o Cristo Redentor é lindo.

Muitas crianças dançarinas apareceram e se diluíram em raios de luz, miríades fantásticas que, às vezes, desenhavam caravelas no céu.

Havia túmulos e nuvens negras sobre túmulos, havia campinas e aldeias perdidas como flocos na estepe, havia vales e sorrisos, havia o dragão, montado pelo grande cã, à procura da amada. Havia macieiras.

Um pouco de amor resiste a tudo. Mesmo quando o vôo do pássaro se perde e o significado das coisas é triste, porque chove. E chove sobre os esgotos, as ruelas, as grandes capitais mergulhadas em soturnas sombras. Chove sobre o Kremlim.

E quando a vertigem se apoderou de mim e dancei e fiquei sombrio olhando para o abismo por onde a águia negra desaparecia, sugada pela sucção do labirinto, enxerguei o meu amor por entre pernas e coxas, por entre pelos suados e belezas, por entre vidros de antigas catedrais e espelhos que se enxergam mutuamente através de seus comos feitos de areia.

O Brasil tem uma luxúria por dentro das almas, um gozo de brincadeira que domina os cocares de seus habitantes. E isso seduz como um pedaço de lua vagando pelo céu num circuito hip-nótico sem sentido, a não ser a própria embriaguez da hipnose, que tilinta como música eletrônica.

Morreu a poesia escrita, nasceu uma outra. Nasceu a fábula de ser herói novamente, a sede do sangue num mundo tecnológico, a necessidade da merda por cima da higiene. O fluxo e refluxo, as rosas e as margaridas se beijaram vampirescamente.

Sem concessões brilhava o véu do Aga Khan por cima dos poços de petróleo e cadáveres envoltos pela silenciosa sombra azul do deserto. Bebi uma limonada com limão ainda aparecendo. Era um frescor delicioso, igual à visão de um abacaxi. Não havia mais culpa de nada e um marinheiro veio direto de uma poesia de Mallarmé, e veio com sua noiva e seu cabrito.

Por entre tardes de coqueiros e limonadas.

A bicicleta da infância passou girando.

É longa a história da agonia humana e suas paixões. Mas não há nada tão colossal, tão pedra e monumento, como os cavalos da revolução que se destacam da noite como estátuas de pedra e símbolos de jade visguento.

A ânsia da chuva chinesa perfurou com balas de zinco todos aqueles bambus enfeitados de floresta européia, ciprestes e pinheiros abraçados numa canção nazista, porque nazista é a outra alma da Europa, sendo a outra metade naturalmente banhada no ouro puro que incrustava as estátuas da acrópole, antes que elas fossem destruídas pelos árabes numa investida sagrada, comandados pelos eflúvios do Profeta e pela irritação solene que a beleza do corpo nu do homem causa a todos os profetas, moralistas, políticos, fanáticos e partidos.

Antigas aventuras de Tarzã, aquela visão de relva, aquele mato, aquele colonialismo... E Jane. As douradas cúpulas do mundo estão estremecendo sob o trovão da História.

E por que, fundamentalmente, não esperar o Messias? Mas um Messias da vida, com cacho de uvas na mão e na outra um abacate.

Mas isso também é ilusão de almanaque. O que devemos afirmar categoricamente é a vontade de banhar-se na mais pura água do Oceano Atlântico, com chuva equatorial caindo por cima e sentindo o cheiro dos cacaueiros e comer peixe com azeite de coco e muita fruta e verdura, muita salada verde e pitangas, melancias e melões. Um pedaço de gelo impossível flutuou por cima das águas quentes equatoriais. Havia caído de um navio-geladeira, ou viera do Pólo Norte? Um peixe-espada furou de brincadeira o colo de Iemanjá, que sorriu, afagando os cabelos do lindo marinheiro que dormia em seu colo, tocando violão debaixo do mar.

Iemanjá tinha ciúmes das sereias que insistiam em seduzir o seu marinheiro, para sempre adolescente e viril. Ele estava nu e seu corpo brilhava como um peixe lindo.

Nas noites de lua ele dançava com Iemanjá, ao luar, um minueto em cima da rocha de coral. Depois, se embebedavam pelos bares, disfarçados, gritando palavrões pelos becos de São Paulo.

Em dias de muito sol, ele se divertia jogando futebol na praia e rindo muito, como criança. Ele era feliz e Iemanjá o amava.

Comprou uma casa linda para sua mãe com o dinheiro que a deusa lhe arrumava, proveniente dos tesouros infinitos de naufrágios e fontes naturais. Ele era feito de sol, espuma e carne.

Quando penso em minha terra penso em enormes espumas de mar. Penso nos lábios daquela boca que é a Baía de Guanabara, mas sei que os infernos já subiram até mim e suspiro fuligem de túneis e buracos, ferros e engrenagens, mas sempre ansiando pelas palmeiras, que, inclinadas sobre a lagoa ou mar, derramam sorrisos e pelo ar ecoa um canto da Bahia, e carrego no peito a flecha de um índio bororo, e o pano roxo da tormenta ri da minha cristalina admiração pela vida. E, no entanto, quem liga para os pierrôs?

Os abacaxis ficaram amarelos e o sol boiou ao lado deles, que nem um abacaxi voador.

E foi nessa incrível atmosfera de tarde de verão salpicada por gotas de sal e sangue humano que os foguetes vieram.

Eles vinham e iam, pulavam de estrela para planeta, de galáxia para sóis, e nada lhes incomodava. Eram apenas objetos de viagem, pedaços de metal e energia que percorriam as órbitas, que planavam como anjos, sem ruído algum. O único ruído que faziam era a melodia de uma canção.

Os foguetes eram habitados por sereias e putas. Também por lindos adolescentes que ficam o dia inteiro estudando Matemática.

Isso aconteceu no ano 420 mil da era tecnológica.

Um dia descobriram uma estátua de Cristo num porão e começou uma nova renascença. Os sábios da época se equivocaram e confundiram Jesus com Lao--tsé e com Dionisius.

A tarde quente, no entanto, é apenas uma das almofadas que o teu prazer estende para a minha delícia, sonhar com a noite, que é uma escandalosa gôndola veneziana, feita de papel de seda e celofane, a singrar o oceano.

O afastamento de Brecht produziu frutos imprevisíveis.

Tudo está afastado, gelado. Parece que os pólos coroam realmente o mundo. E uma nova mentalidade se confirmou inventando uma nova cor para os olhos das pessoas, novas expressões, novos gestos. Dionisius tomando coca-cola, embebedando-se com coca-cola, atingindo o êxtase.

Roma já havia estragado os deuses helenos, transformando-os em entidades práticas, utilitárias, superficiais, tão características do espírito romano, que temia perder-se no labirinto ou no abismo da tragédia. E agora os deuses percorrem as ruas envoltos em luz elétrica e ridículas vestes de matéria plástica.

Lembre-se, minha filha, de que toda a sabedoria dos sábios diz só isto: Tenha sempre bom humor, nunca leve as coisas muito a sério, seja sempre leve como uma bola de futebol. Seja leve, muito leve. Rindo.

Mas as criaturas se fizeram criaturas que vivem sob o signo do sacrifício e do sangue. A leveza se perdeu com o drama. O drama é mórbido. A densidade dramática é um lamento em forma de ritmo, de emoção sincopada, coisa rançosa. O que todos deviam era respirar o ar puro da dança trágica, onde a ironia desempenha seu papel-rei.

As flores dos mortos são ridículas tentativas de levantar o que caiu, de enganar o acontecido. Mas, assim que eu tiver tempo, hei de provar a imortalidade da alma. E como existe vida após a morte.

Mas isso são conversas muito antigas. A vida que existe após a morte é outra espécie de vida, são vibrações, imagens, resultantes do ar carregado e pesado como chumbo.

Das minhas andanças com os índios, recordo o amor à lassidão, as estrelas interligadas por um fio, as lanças mergulhadas em chamas de guerra e algumas interpretações etnológicas com um leve toque de Rousseau. Água cristalina dos sacerdotes astecas. Como sofro pelo Brasil não ter sido pisado por astecas! E, ao mesmo tempo, comemoro tal fato gritando bem alto nossa inocência, nosso esquecimento, nossa falta de memória, nosso cérebro despido de passados e pesos e velharias. E uivo saudando aquilo que vem ululante que nem um meteoro. E que é o futuro!

O futuro é um pássaro que vem, já cansado de ser avião.

É a humanidade cristalizada numa pílula imortal. É o futuro do Brasil, tão falado e vindouro. Esta sensação que o Brasil provoca de um constante vir a ser, vir a acontecer, é vertigem, embriaguez, abismo de delícias!

Que Europa pode ter isso? Que Ásia? Nem a África, que tem peso negro e faraós a lhe pesar. Nós somos os filhos inocentes de velhos assassinos e nosso balbucio é o samba.

Nosso terremoto é o carnaval.

Dionisius foi encaixotado na Grécia e mandado para cá, onde se casou com uma índia e virou índio.

Dionisius teve uma filhinha e costumava passear com ela sob as sombras das árvores gigantescas do Amazonas. Colhia orquídeas para ela e cantava canções trágicas.

Ao conhecer uma linda índia cantadora foi que Dionisius inventou o carnaval. Os dois se amaram durante muitas noites de lua ao lado de vitórias-régias. Foi depois deste amor com a índia Iremi que Dionisius inventou o carnaval carioca: mistura de cortejo dionisíaco e festa de índio, mais algumas recordações africanas e frenesis de êxtase heleno.

Dionisius amou muito tempo a índia Iremi e os dois passeavam de mãos dadas pela floresta amazônica, ensinando à pequena Araá, filha de Dionisius, todos os complicados nomes de plantas, jacarés e orquídeas.

Os tubarões nadam cortando o Atlântico com suas barbatanas e a guerra recrudesce como um tambor em meu coração.

Mas o meu é o caminho da paz. O caminho das cordas do bandolim, que possuo e toco, pelas tardes azuis do Mediterrâneo, que nem pedaço da natureza-morta de um velho quadro de Picasso, velha cultura morta, cubista, o pierrô, a lua, o bandolim, algumas frutas e a presença de Dionisius, por trás de um cacho de uvas, dançando sua dança de deus vertiginoso, são elementos da minha alma que é uma chama, labareda a arder em direção àquela estrada de eucaliptos.

Os eucaliptos se coloriram de azul celofane e até crepitaram que nem celofane. Era o vento, era o vento soprando que nem uma flauta pelos canos esguios, untados de folhas. E, por esta noite de máscaras e torturas, caminhei com a minha máscara bem grudada à face.

Cheguei ao anfiteatro e estava só.

O mar possuía aquela incrível espuma branca por cima das ondas verdes.

Ali, do anfiteatro de pedras, enxergava o oceano, alguns barcos, um farol como o olho de Polifeno, as pedras... E, dentro do vento caminheiro, a saudade.

As imagens se confundiam, as noivas e as luas, a saudade era feita de barro antigo e adolescente, havia um dançarino que interligava as imagens e que dançava segurando uma tocha. Caía, ininterrupta, uma chuva.

Foi aí que encontrei o duende que discutiu comigo sobre tantas coisas — e com tamanha inteligência — que adormeci. E foi nesta noite que fui afogado nas águas de Dona Janaína.

Meus cabelos viraram caracóis e cavalguei os peixes.

Voltei à tona num lago do México e foi com os deuses astecas que eu falei, mas o tédio me dominava e uma incrível vontade de ver televisão se apoderava de mim.

Foi só aí que eu percebi o quanto já havia mudado.

Percebi isto olhando distraidamente para uma mosca que continuava a sobrevoar aquela flor com zumbido de verão.

Toda a lógica foi escrava da precisão, mas, quando chegaram os impressionistas e Georges Bracque com seu cubismo clássico, houve um estremecimento e até os gatos de Paris miaram seu desespero.

No entanto, as palmeiras do meu país continuam falicamente a me atrair como trombas de elefantes, como obeliscos vegetais, quentes, tropicais.

Aurora, aurora, repito teu nome mágico, momento do sol novo, andando pela manhã, indo ao colégio em algum lugar do Brasil, onde as cores e as araras eram tão comuns como as palmeiras e o mar. Existe um mar atlântico no meu coração. Lambuzado de água-de-coco, azeite-de-dendê, embrulhado em papel celofane e com cheiro de açucenas. Rio de Janeiro é o lugar mais bonito do Universo. O fascínio anda pelo ar e a tragédia existe em sua pureza helênica, tupi-guarani, corte querida de Dom João! Ah, doce embalo das palmeiras a requebrar, dengosamente, sobre a praia iluminada pelo sol dos trópicos, beijo direto de Deus e dos deuses, dizendo que esta terra foi escolhida!

E depois andei pela estrada com folhas de outono, vendo aquele hippie budista a meditar, sentado numa pedra, perto de um esquilo. O sol desaparecia por trás das montanhas, iniciando sua viagem para as praias tropicais. Estamos perto da Terceira Guerra Mundial, nunca saímos da Segunda.

Meu jipe, minha coca-cola, meus instrumentos tecnológicos, fiquei pensando em incríveis viagens africanas e, ao passarem por mim alguns pássaros, pensei: "Eis aí os pássaros que vão migrar fugindo do inverno, programados pela natureza com memórias de tempos glaciais! Como fugiremos nós da realidade contra o homem? Os Estados cada vez mais fortes, os indivíduos cada vez mais frágeis, uma nova proposição brotará em algum lugar, do cogumelo atômico, da cinza das batalhas. Ou será que só ficará aquele vento bíblico soprando?" E as palavras de Jesus "amai-vos uns aos outros" estarão ecoando em letras de rock.

Como a vida humana é realmente absurda! Tudo depende de uma escolha baseada no abismo. O olho do abismo atrai porque ele é a saída para uma outra dimensão. Freud tinha medo de analisar Nietzsche porque ele havia olhado demais para o abismo. O mesmo se pode dizer de Dostoievski, mas ele segurava a mão de Jesus Cristo.

Um livro, às vezes, é apenas um pedaço de sabonete.

Saber da amargura extrair o doce, saber ser malabarista na arena do circo romano, escapando dos leões que já têm sangue na boca, e, ao mesmo tempo, até gostar do espetáculo — uma sabedoria pagã.

Quando penso em todas as janelas iluminadas de Nova York — e penso em todas as vidas borbulhando lá dentro — fico louco! Conheço muitas. Também passei por dentro de muitas janelas. E, de mais a mais, Nova York não é os Estados Unidos. É uma cidade-estado com muitos vampiros e tribos pagãs que aboliram velhas leis, mas que ainda não sabem viver nas novas.

Como é possível a certa gente, depois de Treblinka, Dachau, Buchenvald, Hiroshima, manter certos padrões de existência? Não sabem que eles mesmos já mudaram? Por que tem tanto medo, o homem?

Foi ali naquele tempo pagão dos deuses antigos que vislumbrei a realidade do mundo moderno. A fumaça das grandes chaminés e o movimento das máquinas.

Vi, também, andando com guarda-chuva na mão, uma figura que era de Nova York, um hippie com chapéu-coco negro parecido com Carlitos. É um vampiro sensual, nu e de carne dourada com estrelas vermelhas e luas pintadas pelo corpo lindo.

Depois, despedacei-me em milhões de cacos flutuantes que se espatifaram como chuva em minha consciência. Fui assim para as ilhas do Havaí e na minha febre visitei países africanos, onde o sol sempre causa embriaguez e o langor e a sensualidade estão prenhes de orgasmos coloridos e mais doces que o chocolate.

Visitei a morte travestida de bailarina cintilante. Depois, percebi, na minha memória confusa, um instante de Cristo vivo, quando lembrei de uma inundação no Rio de Janeiro e das vítimas do desastre público. E das pessoas do povo que auxiliaram os irmãos e irmãs feridos. E especialmente daquela pobre preta da favela, que trouxe, depois de andar oito horas a pé, a metade da latinha de feijão que era o seu almoço para distribuir entre as vítimas.

No fundo de todas as almas massacradas, o elo de união. Uma paixão que devora como brasa profunda, o riso de Jesus, o orgulho das legiões romanas pagãs, a atitude dos filósofos, a graça dos bailarinos, tardes na Grécia ao lado de Sócrates, no mesmo jardim, enxergando o oceano verde encostado nas pedras pintadas, flores do Mediterrâneo e flores tropicais beijando-se na geografia impossível do encontro de dois continentes por uma Atlântida que afundou nas águas do mito e memória, encontro súbito de borboletas confusas e metamorfoseadas, acostumadas como mistério da transformação, camaleões e dragões ocultos, atrás de luas e vitórias-régias, orquídeas e gestos de carnaval com confete e serpentinas, cheiro de lança-perfume, embriaguez e delírio, êxtase de Dionisius, da Bahia até São Sebastião do Rio de Janeiro, masoquisticamente flechado, a beleza na morte, a sedução da tortura, a dor como prazer, cidade-perfume-embriaguez sensualmente santificada, aqui em nossa terra o cristianismo é sensual, com Exus e Pombas-Giras, com incenso e fumos, visões atropelando-se às visões, e a cultura profunda brasileira sempre foi a da embriaguez.

O carnaval, carne-naval, o sagrado no profano, o batuque hipnótico de toda uma cultura negra e índia, que sempre foi genial. E foi preciso um Picasso e toda a arte moderna da Europa para redescobrir-lhes o valor. E foi preciso toda a contracultura hippie e pop dos Estados Unidos para restituir-lhes a importância. E nós que tivemos a felicidade de sempre viver no meio destas duas tensões agônicas, neste oriente profundo, neste oriente sensual, luxuriento, polígamo, panteísta de deuses com nomes africanos e índios, neste oriente de sedas e brocados, visões e delírios, feitiçarias e cores, batuques e mitologias, carinhos quentes e mães baianas, doçura de mel da raça negra, apontando o caminho de saída para o torturado homem ocidental. Novas cores, novos horizontes, diziam os poetas do fim do século passado, antevendo a avalanche que viria. Ela já estava aí, como flores selvagens irradiando perfumes e visões, os delírios do oriente e das ervas mágicas nos puseram a falar com os deuses como outrora, quando ainda andávamos a cavalo e a nudez do nosso corpo era como a beleza das pétalas e das estrelas.

A nova crueldade também é apenas uma exacerbação da paixão. Um aprofundar, estender, alongar, esticar desta coisa misteriosa que é o amor em todas as direções, todas! Até os mergulhos no oposto (daí nasce o amor da morte) e alongando-se além, como o homem-borracha (que pode se esticar de cidade a cidade) para dentro de todos os conceitos, todas as partículas voadoras e esvoaçantes, nosso amor assim compreendido alcança os níveis de espaço e velocidade dos elétrons, prótons... e consegue untar-se numa carícia eletrônica no ventre da antimatéria. Consciência da matemática e da física atuais, presentes neste amor de que falo, o tempo todo azul, roxo, vermelho, e com cores além de nossa escala, eis por onde partiu, por onde dança e se movimenta o homem que se libertou e que agora sente espatifadamente as coisas por aí, sentindo este amor como contínua explosão para fora e para dentro como enorme língua de dragão em chamas por um Universo sem nome e sem pretensões de definições fixas, apenas com fome e sede de mais amor, cometas, espasmos, memórias incendiadas, deixadas para trás, como cenas de batalhas de tanques no deserto.

Um dia compreenderás o que digo, com este punhal a meu lado, a imitar uma cimitarra do oriente e que insiste em perfurar a lua coroada de astronautas. O petróleo é um jorro de ouro negro e o amor foi reinventado três vezes, quatro vezes, até onde iremos nesta velocidade?

Arranco, então, um pedaço cubista de Nova York, desintegro-me como partícula atômica neste cenário transitório, queimo meu espírito numa ânsia voraz e fome de comer urubus e abutres e deslizo por esta avenida de luz, cheia de luz e graça elétrica, com muitos sinais luminosos, como o futuro tráfego aéreo espacial será. Escorrego como cometa pegajoso de sangue e carne, com os meus olhos injetados injetando visões nas coisas, à medida que vou voando como o homem-mosca, com minhas asas transparentes e plásticas, com um sorriso sinistro, porque é sempre sinistro o homem do futuro. E sinistro porque é estranho o seu ser, seu sorriso, sua alma, seus gestos, seus vôos abstratos, nojentos, pegajosos, ziguezagueantes, inseto-homem, monstro do amanhã, coisa sem nome, apenas velocidade.

A essência do nada é a velocidade. Voltamos ao niilismo, ao ponto de partida, onde tudo começa, aonde tudo chega. O niilismo é a filosofia de nossa carne, nossos poros, nosso século de guerras, que tem o nome de números. É assim, porque é aqui que a dança recomeça, dança de novo, rodopia-se como pião para escapar do vácuo, da monotonia, embora os chineses tenham ensinado que monotonia pode ser excitante, como a porcelana e as pétalas.

Por entre os cacos do velho mundo, onde tudo desabou em ruínas tonitruantes, ecoa a voz do novo ser que canta como se o paraíso fosse estes cacos, porque nada viu de melhor. Brotou das ruínas e, para ele, a ruína é a beleza e o abrigo.

Agora, que o amor foi três vezes reinventado, estou trêmulo e minha emoção vai mais longe que a tragédia grega. Não há mais limites nem para a minha dor, nem para a minha alegria.

Estamos sentados num pano de fundo que tem Hiroshima, Dachau e Buchenvald. Somos as crianças malditas que outrora conheciam um limite. Hoje, tanto a alegria como a dor anseiam a eternidade como o grito de uma águia enlouquecida pelos céus cósmicos.

Pelos cenários enlouquecidos da Segunda Guerra Mundial, onde trombetas wagnerianas e monumentos neoclássicos de mármore enalteciam os abismos da alma pequeno-burguesa da Europa, num teatro sinistro, pressinto a mesma névoa de romantismo melancólico e nostálgico que sufoca hoje as platéias da grande cidade imperial. É como se por esta neblina azulada de ressentimentos, ódios distorcidos, houvesse a memória de uma infância dourada, os cavalinhos de chumbo. E agora o fascismo erguia incólume suas estátuas grotescas, provando ao mundo que a crueldade e o desprezo ao homem poderiam até ressurgir (pensar que tais sociedades haviam desaparecido com a Assíria ou Babilônia!) e refundir-se em moldes modernos, numa sociedade tecnológica avançada, onde o desprezo ao homem fosse matematicamente eficiente, onde o crime seria sustentado pela burocracia estatal, onde o romantismo mórbido da morte constituísse o estandarte final de toda ideologia.

Por que penso nestas coisas? É porque novamente penso nos arames farpados, na cinza dos ossos queimados, como em vasto cerimonial macabro, antigo, desnecessário.

E assim, por entre fumaças de impérios, ruínas de pedras e edifícios, a canção é ainda entoada, com um novo ritmo e um estremecimento que lembram o calafrio da órfã magrinha e tuberculosa do século XIX, que acredita que os galhos secos da árvore sentem quando os primeiros flocos de neve se grudam em sua casca.

O novo homem, que desintegrou em si as fronteiras e os limites, chora em sua dor sem limites numa careta loucura. E ri a risada do santo e do palhaço enquanto a chuva cai na paisagem em ritmo ecológico antiquíssimo, provocador de densidade, cinzentamente, absurdamente, como em ritual gotas como flechas, chuva de um ritual-dilúvio, partículas, tardes sensuais, tropicais.

Daqui se partiu para o novo mundo, com a audácia dos exploradores e navegadores velejando pelo oceano desconhecido dos sistemas nervosos. Bom dia, boa noite, sol, chuva, noite e selva africana, onde os antílopes pululam como arco-íris do orvalho.

Sinto-me escrevendo um livro na República de Weimar.

As colunas de mármore de grandes monumentos neoclássicos olham-se com desdém faraônico. Já são a imitação da imitação. E, no entanto, trazem algo de novo, como sinistras garras de abutres vomitando o evangelho da brutalidade.

Nas poses dos líderes, na fala e nos gestos da população, o mesmo vento quente e nômade, estranhamente provocante e causador de calafrios, a mesma distância entre uma e outra pessoa, assim como das sombras coloridas do parque nacional, o temor instituído como atmosfera.

Um dia, o Universo todo estará incendiado e os cacos do jardim zoológico olham-me abestalhados, porque sou o homem que fabricou estas jaulas, em que homens e macacos e leões e outras coisas cheias de liberdade estão enjaulados.

Dia cinzento, borrões de calor, suor humano revestido de cosméticos, um sexo desesperado perto da fronteira da morte e da noite medieval, dois minutos de atenção, as fumaças, os olhares profundos do amor que são como duas lantejoulas ou olhos de gata, professora de infância, tigresa agressiva, mulher de roupa de leopardo vestida de anjo, com olhar fatalista dos antigos fados cantados pela mãe louca.

Os incríveis estados totalitários multiplicam-se e em breve seremos um mundo internacional, às avessas do sonho inicial.

Os muros, a eficiência do sistema e a precisão dos olhares, a nova moral de botas com antigos nomes, a agonia tornou-se mais densa e é preciso, agora, com cuidado, ler os signos astrológicos, mesmo que não se acredite. É algo que resta. Pelo menos, são estrelas...

Nas tardes de outono, aquela nostalgia adolescente, a volta ao passado, o amor machucado, dois meninos se amando, a fuga e o mistério, o enigma e o labirinto feitos de coração, as paredes do labirinto são feitas de corações! O sol pendurado lá no fim do corredor vermelho de corações esticados e pregados na parede, como um imenso fígado, sangrando sangue escuro e forte.

A avenida das esfinges, onde a fantasia é um uivo dolorido que uma ave feita de jóias e seda, com pedaços de carne humana de um adolescente sacrificado no ritual, uiva como se não fosse ave, mas animal machucado.

O ritual foi no meio da floresta, as folhas tropicais abafaram os gritos e a terra forneceu o especial perfume. Depois, a noite caiu, semeando novos ritos como filhos do demônio, gotas da via-láctea, espasmos de um fruto amargo que também quer existir. A noite tem cores doloridas que são espíritos atormentados.

A tormenta deste ritual veste-se com roupas de rainha, ostenta a beleza sangrenta e caminha como leoa que está além dos nossos julgamentos. Tardes desmaiadas, socadas com o Pilão do Tempo, misturadas a perfume e cheiro de suor e beleza do primeiro amor, estonteante, embriagado, como mais tarde as visões e alucinações, mas sem o desespero, apenas com o dourado, aquele tom dourado em que tudo, por dentro e por fora, estava mergulhado como num banho de champanhe, pradarias, cowboys, torturas, heroísmo, horizonte.

Em cima de um templo de colunas de mármore duas nuvens paradas como alfafa, o calor da tarde que se foi para dentro da noite, como quem entra numa gruta, a voz de uma mulher que me chama para brincar na chuva, ela parece uma boneca, um cabrito, ela é uma cabrita e brincamos sem parar através das esferas do tempo, esferas de plástico transparente e outras cor-de-rosa, até chegarmos numa praia onde o minotauro está sonâmbulo, querendo comer a lua. O vento, por uma estranha ironia, transformou-se em serpente e depois inchou como vendaval e reconstituiu todos os cacos dispersos e dissonâncias do Universo, e por segundos a charada fez sentido; por milésimos de segundo, a paisagem era uniforme e sem rugas, não houve rupturas...

Mas mesmo depois, quando voltaram as rupturas, caminhamos de mãos dadas, eu e a cabrita, até o fim da praia, para o outro mundo.

O mundo soturno caiu numa devassidão de cristais. Grandes metrópoles já escurecidas pelo próprio veneno, intoxicando-se e tossindo como garganta de ferro. Cidades em chamas e as catedrais ruindo (os vitrais explodem mantendo em seus cacos coloridos a antiga luminosidade absorvida do sol e da luz elétrica, quando cantos e corações se elevavam como incensos dentro das catedrais, por homens e mulheres trêmulos).

Depois, as palmeiras que, como regaços de palma verde, serviam de cama às estrelas pontiagudas do hemisfério sul. As multidões são narcotizadas como a noite de T. S. Eliot, estendida na cama.

As guerras conglomeram-se numa só geléia central. Todas com o mesmo motivo. E o enigma decifrado no fundo dos canhões, do trabalho e da perspectiva.

Perder-se em perspectivas, nadar nesta luz azul da avenida das perspectivas. Confundir as contradições, brincar com os cacos do conflito, pelo prazer de uma estética, que é um luxo mandarinesco. As relações do senhor e do escravo, brilhando agudas em todos os produtos do consumo humano como a marca da loucura, nos pára-lamas dos automóveis, no batom, no disco de música pop.

Desejo perder-me nos ritmos e nas neblinas das lendas dos índios bororos, mas não posso. A fuligem das fábricas entrou-me demais nos olhos, carne e cérebro, para que ainda possa ter a inocência das pradarias. Mesmo nas visões gloriosas da pureza é o cinema que me fornece a imagem. A mesma luz elétrica perfurando o celulóide constrói os meus modelos míticos. Novamente, a indústria fundamental, a máquina que é nossa mão mais poderosa, as negações sentidas numa síntese que explode em guerras ocultas, declaradas, regionais, totais... O elo que a tudo isso une ainda é o trabalho.

Antes mesmo que Apollinaire o percebesse e Lévi-Strauss o dissesse, sei que o Brasil é oriente. Será que vem de Portugal esta ânsia-angústia de querer ser oriente? Do rei Dom Sebastião de Alcácer-Quibir até a consciência de Fernando Pessoa, que sabia onde ficava este oriente do oriente? Ou será que veio dos tambores africanos? Ou dos nossos índios mais antigos que tudo? Só sei que o Brasil é oriente, onde a magia, o encantamento, a fantasia e o incenso são a paisagem da minha vida.

Nosso jeito indireto, insinuante de falar, nossas festas, do carnaval ao candomblé, os babalorixás e os ogês, tudo é oriente, e agradeço porque é como um êxtase viver dentro deste sol oriental amarelo, que é o Brasil, onde tudo é além do real, sempre, o tempo todo, em todos os níveis. Onde a sinuosidade das montanhas, em silhueta, mergulha em ritmo sensual dentro das ondas verdes do mar da Bahia, como serpente dançarina.

Quando o vento embala meu coração com perfume de jasmim, tudo que posso dizer é estender minha mão para o oriente deste oriente e seguir para o Japão, lavando o chão do navio do Lóide, como na música de Gil, e afagar as bananeiras e palmeiras e samambaias que pelo caminho florido de estrelas eu encontrar. Com o meu colar de Oxalá e meu patuá, e com o meu Cosme e Damião e toda a falange de Oxum e com Ogum de Angola eu vou para a vida cantando:

"Eu não sou daqui
eu não tenho amor
eu sou da Bahia
de São Salvador"

Escrevendo num papel como se fosse um papiro ou pedaço de pedra, fragmentos de pensamentos, analogias rasgadas, caos contemporâneo, onde a loucura é rainha soberana numa trágica e libertadora postura: Os ventos despedaçam as flores frágeis que espiam o mar agitado da mataria próxima, que a praia separa do mar. Minha alma despedaçada em fragmentos, cacos de verdades passadas, que eram outrora o todo.

O canto agudo que nasce da minha alma em cacos é forte como a lâmina de compreender o século, linguagem do desconhecido Mundo Novo, onde tremulam os estandartes de uma nova ordem, de um estranho planeta, onde todas as fantasias são exibidas em desfiles inebriantes e onde a nudez é sempre a mesma, cruel e fundamental, sem as roupas enganosas do cotidiano.

O que fazer nestas inebriantes praias da bárbarie, onde o pragmatismo é jovem e se anuncia com músicas estridentes e sedutoras? Onde o amor foi reinventado e galopado tantas vezes para a frente e para trás? Onde se aboliram os conceitos do para a frente e para trás? Onde tonitrua o espasmo cósmico e as paixões do estranho animal homem, que se faz novo quando atravessa a fronteira? O amor e o trabalho se entrelaçam porque são a mesma aparição, são irmãos gêmeos da antimatéria, que é a morte e a desintegração.

Vi muitos abutres rondando o perfume da vida que nossos corpos exalam quando amam, mas acima dos abutres havia o sol e a chuva, caindo juntos para a terra, com a dádiva de seus raios e suas gotas. E bem mais acima do sol e da chuva havia uma festa dos deuses com tambores e nudez magnífica. E, mais acima desta festa dos deuses, uma tempestade cósmica sem definição, em permanente ebulição, muito além do que possa compreender, vagamente familiar e ao mesmo tempo brutalmente estranha, estranha como os homens, como a vida, estranha como aquela estranheza que só o nosso amor supera, estranha como a brutalidade da injustiça.

Pássaros de bronze, estilhaços de memória, Admirável Mundo Novo, paganismo selvagem, cristianismo sensualizado, tecnologia total, dilacerações, intuição de que um Mundo Novo já brotou e o desconhecemos, visões de um abismo iluminado, incensos como na Índia, o oriente com suas bandeiras e flâmulas ao vento, o sol amigo e a chuva doce, os braços e pernas de quem eu amo, o incrível desconhecido, de repente, nos braços e pernas, o sexo é como o sol e a chuva, não há estranheza aí, apenas a fé embriagante da solenidade do encontro com o segredo vivenciado, mas nunca compreendido.

Nova York, outubro 1971.

Alguns espaços culturais nacionais do agora

Acorde
recorde que você é um homem
que veio de uma estrela
que está em uma estrela
que irá para outra estrela
pouse suave
os mensageiros orientam.
Hermes Trimegistro

Charles Baudelaire já nos havia informado de que os "sons, as cores, as formas, os cheiros se correspondem". Estas correspondências são as pontas que unem como elo as belezas das diferentes formas de arte que sempre expressam espaços culturais, visões do mundo. Gaston Bachelard examina estas correspondências com erudição francesa e matéria-prima poética européia. Marshall McLuhan com rapidez norte-americana e com matéria-prima universal de olhar norte-americano. Neste artigo o farei de maneira brasileira, pós-tropicalizante, naturalmente com matéria-prima poética brasileira.

No Brasil de hoje, mil espaços culturais coexistem em turbilhão frenético e essa é a grande nova riqueza. Foi o Tropicalismo "o último dos movimentos, definindo-se como movimento essa tendência de indicador como seta, a indicar um caminho a aglomerar tendências" que ocasionou isso ao se desintegrar em mil frutos e sementes dispares, às vezes contraditórias entre si, porém nunca antagônicas, hostilizantes, como o raciocínio linear de certos críticos pessimistas atuais quer nos fazer pensar.

A grandeza do Tropicalismo foi a sua promessa de descentralização cultural = democratização, chegada irreversível da tecnologia em harmonia por vezes conflitante (nunca hostilizante) com a natureza, multiplicidade de formas e conteúdos, admissão coexistente e harmônica de tendências opostas = o simultâneo foi assim introduzido em nível de arte-informação de massas. Isso para alguns ainda é um choque.

O movimento (em sentido linear ainda antigo) que precedeu o Tropicalismo foi a Bossa Nova (eivada de CPCs, realismos que breve se autotranscenderiam como veremos logo adiante, lirismos restritos), mas foi essa Bossa Nova que de algum modo já caminhava

para essa criação tropicalizante em direção à Bahia, e de início, original da própria Bahia, e depois de todo o Brasil, e agora planetária como tentaremos demonstrar a seguir. Foi com Tom Jobim, Vinicius, o poeta literato tornado dionisíaco, e o afro com Baden Powell. Os pré-
-iniciadores: Johnny Alf e João Gilberto.

Por que na Bahia? Ora, você não foi à Bahia? Então vá. Desenhista, como é que você me dese-nha um "axé"? A Bahia (a Guanabara é também uma baía) é o arquétipo inicial da nação, o ideograma mágico com predominância africana em todos os níveis culturais, e em parte sincretizada ao elemento europeu deslumbrado perante essa cultura. Ary Barroso, um poeta geográfico, compreendeu isso bem na *Baixa do Sapateiro*. Depois logo ali ao lado (modo de falar, porque a nação continente é maior que os EUA continentais), o raro acontecimento da miscigenação racial com a população indígena, mais de 40 milhões de brasileiras, cabeças-chatas descendentes diretos de indígenas e orixás caboclos baixam por todo o território nacional nas Umbandas e Macumbas. Ao tema indígena voltaremos em outro flash mais adiante, mas apenas de passagem lembrar que nos demais países latino-americanos a população índia é "espacialmente" separada da outra. Compartimentos estanques: aqui é uma só festança, um só futebol, um grande carnaval, lembrar mestre Gilberto Freyre.

Pois bem, foi em 1922 que por causa (ou não) do café e do cosmopolitismo paulista rebentou a Arte Moderna, tendo como líderes Oswald de Andrade e Mário de Andrade; daí nasceu a "antropofagia", manifesto complexo que merece muitas releituras e interpretações mas que inclui profundezas do dadaísmo, do futurismo em passagem de Marinetti, expressionismo alemão, surrealismo francês, uma lógica filosófica que só muito mais tarde estrangeiros como Adorno, Marcuse, Norman O. Brown, Marshall McLuham, John Cage, Foucault, Julia Kristeva etc. iriam desenvolver em caminhos ainda estreitos se comparados à obra de Oswald, pois na "antropofagia" há o mergulho no assumir-se integralmente nas profundezas e nas raízes da nação, da nação negra, índia, brasileira, mestiça, mulata, cafuza, candomblés, umbandas, rituais respeitados pelo português católico e minoritário. Uma posição nacional de profundas raízes e ao mesmo tempo de absorção & comunicações internacionais. Nunca o chauvinismo, o imobilismo. Havia inclusive na antropofagia uma enorme abertura para o cristianismo, linha talvez imanentista, existencialista que fez Oswald mais tarde rever posições tomadas em relação a Tristão de Ataíde. Mas foi Mário de Andrade, o mulato, o outro paulista (o outro grande lado de São Paulo), quem nos deu Macunaíma, a visão poética da "coisa".

Atingimos a profundidade de ser poético nacional & universal (visão heideggeriana da poesia como visão do mundo e poderes metapsíquicos com estes dois Andrades). No grafismo, a abundância daquelas plantas suculentas de Tarsila do Amaral, Di Cavalcanti e Portinari com realismos-cubistas-ideogrâmicos, Raul Bopp e Jorge de Lima numa poesia lendária e negra, a religiosidade e o chamado "irracionalismo" (nome erradamente dado a tais mergulhos e fenômenos do ser) eram a nota dominante e o tônus da energia vital criadora.

Um Volpi, pintor italiano-paulista, paisagista e ideogrâmico erradamente alcunhado de primitivo, assim como Dorival Caymmi e Heitor dos Prazeres em suas pinturas e suas músicas erradamente alcunhadas de "primitivas", quando beiram o surrealismo europeu estes representantes máximos da cultura negro-americana-do-sul-Brasil. Nos dois últimos, a melodia e a canção transmutadas em grafismos, e com Volpi, a melodia no subtom da cor, apenas sugerida.

A retomada desse sentimento de radicalidade entre o sim e o não, entre uma linguagem libertária e ousada, foi o acontecimento tropicalista. Entre 1922 e o Tropicalismo tivemos tentativas isoladas e de grande mérito a registrar, porém, como caudal, como força de Rio Amazonas em sua pororoca de saltas e profundezas, foi com o Tropicalismo.

Nesse entreato, a tônica geral caía num realismo insosso e uma gaiola dourada de neoparnasianismo era, porém, o lago quieto que prepara as grandes tempestades.

No grafismo, na imagética, o cinema é indesligável, e justiça seja feita à arte dos irmãos Lumière, a chanchada sempre soube encontrar as motivações profundas. E de um samba de Ary Barroso (paisagístico e orgulhoso) irradiava-se indireta inspiração para a fabricação de uma Carmen Miranda que, exportada, influencia Walt Disney e como um bumerangue influencia poderosamente a cultura contracultural dos EUA de hoje. E quem é na realidade o Zé Carioca? Às vezes um "João Ninguém" de Noel Rosa, só que menos tristonho.

Outros grafismos importantes: a imaginação dos figurinistas e desenhistas anônimos das fantasias das escolas de samba, os que "vestiam" o sonho.

Foi com o tropicalismo também a ascensão em termos de status de valor qualitativo dos desenhos das revistas em quadrinho. Algumas com dom profético. Flash Gordon = raio laser. Não é possível hoje, segundo o *U.S. News World and Business,* um Dr. Silvana se apoderar de uma bomba atômica e ameaçar uma cidade? Já era pop Jackson do Pandeiro. Pois ele caricaturizava o êxodo campo-nordestino e o encontro com as cidades do sul industrializadas. Como Luís Gonzaga é o êxodo do baião, Jackson é o êxodo do coco, aparentado com o ligeiro e malandro samba de breque de Morengueira a Jorge Veiga.

Em grafismo isso dava sapatos de duas cores, chapéu de palha, piteira antes do cigarro, caricatura sonoro-poética. Depois os caricaturistas mesmo: de Henfil a quem o leitor (ou essa revista) escolher. Bebendo dessas fontes, inclusive do grafismo da revista humorística *A careta*, o grafismo do Tropicalismo emaranhou-se no cipoal amazônico de uma natureza com enormes borboletas, plantas suculentas, baías lendárias, heróis de morro (Charles, anjo 45-Jorge Ben), em pintura chamada "erudita" com Antonio Dias (pop), Gerchman (concreto?), Aguilar (realista-fantástico?), Rogério Duarte (gráfico & incentivador), é dele a deflagradora capa do disco de Caetano que tem *Alegria, Alegria* & *Tropicália*, Hélio Oiticica (ninhos de Babilônia), Lygia Clark (pedras, corpo, sensualidade, brincadeira, elemento yin).

Eis algumas épocas diferentes e imagens gráficas que certo pessoal do som sugere: Tom Jobim, com pássaros, paisagem ecológica e a mata do Brasil cantando. Ele o disse numa entrevista: que o som brotava das plantas.

Paulinho da Viola, com chapéu de palha, terno branco, clássico filho de um grande Chorão (tocador de chorinhos, seu pai), Mozart a seu lado aprendendo, olhar sobre irônico-doce por sobre o lírico apolíneo de uma paisagem pós-morro?

Nelson Cavaquinho (trágico, estóico), Cartola (lavando carros, de óculos ray-ban, nariz empipocado, sorrindo, pois sempre subindo, subindo o morro), Mano Décio da Viola, Ataulfo Alves e suas coloridas Pastoras, Ismael Silva, o fundador, todos ontológicos, eternos, no corte de tragédia grega carioca com o bálsamo da profunda filosofia, e Wilson Batista, o inquieto super-contemporâneo criador de *Nega Luzia*. Uma nega muito louca ateando fogo no morro como Nero da Antiga Roma.

E Roberto Carlos, com Erasmo, seresteiros das multidões automobilísticas e da industrialização do país? O kitsch e o lirismo do futurismo?

E Luís Melodia, "lava roupa todo dia, que agonia!... uma mulher não deve vacilar" Não é demais? Cinematográfico, ébano, pérola negra, Estácio de Sá pelos tubos da TV! A negritude maravilhosa!

Em outra esfera musical, a música de Villa-Lobos pegou Bach e envolveu-o nos cipoais amazonenses, lundus, modinhas: eis alguém que percebera o precioso urânio do inconsciente nacional! Villa-Lobos percorre 1922 até o Tropicalismo. No grafismo do Tropicalismo e do pós-Tropicalismo devemos notar também o mimetismo de gestos e danças dos mil carnavais nacionais, cheganças, reisados, e do estilo pop internacional em miscigenação indissolúvel: balangandãs hippies são amuletos? O profano & o sagrado? Mircea Eliade aqui ficaria louco. São balangandãs de Carmen Miranda, já vistos através dos filmes? Em cinemas? Pelas TVs? Muitas cores, o corpo é vestido, é despido e tem sua carne pintada e desenhada, o grafismo volta às suas formas originais do homem da caverna, pinturas de índios? Máscaras de rituais com transe? Máscaras de arlequins com serpentinas? Tudo tão próximo ao homem contemporâneo e às pinturas de Picasso (com aquela alegria daquele basco invencível!). Flores havaianas ou baianas ou catarinenses ou vitórias-régias? Principalmente cores. Coisas indígenas. Os trópicos não são tristes, faltou um olho carnavalesco para Lévi-Strauss (sim, um olhar mais profundo) para que ele enxergasse essa realidade. Um olho macunaímico, e não entediado. Com o micróbio do frevo no corpo, e do trio elétrico dentro de si.

O cenário dos índios retomado, no sentido ecológico, sociológico, crítico-agressivo-social (o Amazonas suscita grandes preocupações globais), humanista, ou simplesmente constatador do avanço do crescimento do país em direção a oeste no já antigo dizer de Getúlio Vargas (aqui o oeste estendeu-se ao vasto norte), é um fato que entrou como imagética gráfica para muitos artistas nacionais, os do cinema, da gravura, da pintura, da escultura. O tema indígena foi um tema aparentado com o Tropicalismo e o pós-Tropicalismo. A sala de recriação de habitat indígena na última bienal de São Paulo é significativa.

Uirá de Gustavo Dahl, *Como era gostoso o meu francês* de Nelson Pereira dos Santos e *Amuleto de Ogum*, este último a volta ao popular anárquico-irracional descrevendo uma ordem, uma harmonia sincrético-religiosa, uma mitologia clara e logicíssima do povo e da grande tribo dos que "vivem" no espaço do corpo fechado de Ogum e de Iemanjá.

Macunaíma sempre vivo?

Já anos antes, Glauber Rocha, em *Deus e o Diabo na Terra do Sol*, deflagrava para além de si mesmo, para além das fronteiras autoproclamadas por seu autor, que eram "sociais-conscientes-realistas-épicas-políticas", a força de sua criatividade, como numa *Terra em Transe* Glauber penetrava para o religioso denso, e, como numa sessão de terreiro, elevava-se em direção às nuvens da fantasia.

Nelson Pereira em *Amuleto* e Glauber, neste preciso instante, entram e deixam-se absorver pelo religioso, mítico, pela ordem da religiosidade profunda (e sadia) que descobriram na mente nacional, irrompendo aos borbotões, desafiando a antiga lógica demarcatória deles mesmos, simples francesismo importado cartesianamente, sacudido pelo terremoto de um carnaval perpétuo e dionisíaco, de entidades que baixam, de fluidos que se elevam e fazem a História do Brasil.

Adensando-lhe a visão temos o agora, que é feito de todas estas coisas. O agora riquíssimo em brotes e criatividades pós-tropicalistas (isto é: o Tropicalismo cumpriu sua missão histórica ao fragmentar-se, como prometia em sua essência), e a televisão, este tubo eletrônico de comunicações e de um novo pensar, não está ausente nisso. É o pontilhismo que voltou eletrificado. É o fauvismo que voltou com selvageria antropofágica, aparecendo simultaneamente numa imagem precisa, o Pop e o Op misturados, nomes passageiros como toda linguagem, mas nessa velocidade do fauvismo (expressionismo sem pesadelos), cenas, cortes, presenças instantâneas.

E o grafismo símbolo de agora, qual será? Se em 1922 os símbolos oscilavam entre sacis, antas, Carmen Mirandas, chegamos agora à época da simultaneidade: tecnologia & natureza. Chegamos ao sagrado. O disco voador é a presença de Deus, do elemento intangível que nenhum materialismo (russo, francês, inglês) saberá explicar. O espanto, o escândalo, a maravilha do mistério. O disco voador é o olho para o infinito, nosso próprio olho, o olho de Deus. De Raul Seixas a Gilberto Gil o disco voador é considerado sagrado. O ponto luminoso, mais concreto que os concretos, a se movimentar por espaços, dimensões, em velocidades e vôos inconcebíveis.

Não fosse a Nasa, os filmes de televisão governamental francesa, os estudos soviéticos sobre os discos voadores, o incrível trabalho do general Uchoa de Brasília, este meu texto seria considerado há alguns ligeiros anos como "irracional e místico" no sentido pejorativo da palavra, a que os dominadores e manipuladores do jargão sociológico de então se arrogavam a julgar tais fenômenos; agora não mais: a ciência ocidental, este ocidente do qual somos orgulhosos filhos e descendentes, pois que ele absorveu o oriente integrando-o em sua tragédia, já os sacramentalizou como "fenômenos científicos".

No cinema novíssimo de Neville de Almeida, Rogério Sganzerla, Júlio Bressane, Ivan Cardoso, a realidade é documentário-realidade-momento-instante-psicanálise, às vezes hermética ao extremo, outra arquetipal universal fragmentada; às vezes patética, expressionista, caricaturizada, psicopatizada. Outras é formalizante, com tradições francesas como herança de estilo e forma como em Bressane. Mas sempre é o grafismo de um dos importantes lados, talvez o grau 234 do pós-Tropicalismo totalizante, que só após a sua chegada, e só após a sua explosão em mil fragmentos e ângulos, atingiu sua verdadeira missão histórica: a de ser sintetizadora e de provocar um campo eletro-magnético de intercomunicações entre os cérebros com ondas cerebrais profundas. A lição ética oculta: superar-se continuamente é a beleza do movimento, o crescimento do cérebro da informação vital em expansão.

É como a árvore, seus cipós, seus galhos, folhas e novas sementes. Como não partir sempre juntos, lado a lado com a natureza? Ela, nós, ao lado da máquina? Para o infinito? Outro nome de Deus? Do disco voador? E os cientistas que estão atrás do átomo do pensamento? Como é, desenhista, você me desenha o átomo do pensamento?

Ou então um disco voador (talvez a outra forma do átomo do pensamento) que talvez seja o símbolo-inicial do espaço clássico a surgir, de todo um mundo harmônico, lógico (ah! com a nova lógica!), ecologicamente equilibrado, domando as tempestades porém jamais as aniquilando: usando-as, a nova aurora perfeita, além de todas as Utopias, a surgir dentro de todos estes espaços relativistas.

os objetos não identificados

Ninguém escapou da bomba atômica de Hiroshima e Nagasaki, e se Nara Leão estranhava na época que eu colocasse isso em letra de música é porque ela também não devia estar tão alheia a isso, se bem que de uma maneira em negação, a emoção a atingia.

Fomos todos atomizados e isso é bom, é a liberdade em seu novo e sempre e incessante sentido modificante pelos tempos afora.

Liberdade = suprema elasticidade, capacidade de habitar simultaneamente vários espaços culturais em harmonia, velocidade com doçura, porque quando a velocidade é tão grande é também muito grande a responsabilidade de cada um de nós, astronautas heróis das estrelas. Acender o incêndio certo e apagar o errado. Ação simultânea. A espada flamejante e o bombeiro que faz chover a chuva da grande semeadura.

A responsabilidade social e a do trabalho: a harmonia social. O respeito, o cultivo da boa educação, da ginástica, da disciplina brotando como necessidade natural do viver-em-conjunto, e não uma coisa vista como algo "imposto".

A carne como fonte de prazer, como fonte, simples fonte a jorrar partículas de comunhão. O coletivo e o individual-total em harmonia e comunicação, na vertical e na horizontal.

O em cima e o embaixo no sonho e no universo são o mesmo.

Trabalho & ordem & harmonia & responsabilidade & caos & beleza & falta de complexos de culpa / crença no futuro-presente & alegria alegria & olhar realista & olhar surrealista & todos os universos a vir abençoados pela alegria de viver aqui-agora construindo o aqui-agora! O ufanismo é planetário & nacional.

O ufanismo é auto-afirmação orgulhosa, sensualizante, uma paisagem de trabalho fáustico pelo prazer do trabalho e não pela punição, e mesmo assim esta paisagem de trabalho fáustico por ilhas ecológicas de paraíso do simples pairar, do não-fazer, do nadar nas águas azuis de Iemanjá.

Falei também sobre estes assuntos com o poeta Robert Lowell de quem fui secretário pessoal e literário nos EUA, e com Paul Goldman, sempre de blue-jeans, tendo atrás de si os arranha-céus de Nova York.

Foi em 1958 que eu vi e que tinha visões e me sentia como médium de mensagens que vinham através do disco voador, sugerindo, sussurrando ao meu inconsciente paisagens e atmosferas poético-musicais. A primeira pessoa a quem falei sobre isso foi Vicente Ferreira da Silva, meu mestre e amigo, hoje falecido. Depois calei-me, porque a época não admitia este tipo de Visão: o que escrevia no "deus da chuva e da morte" já era suficiente "irracionalismo", e além disso contava uma longa história sobre o dilúvio universal e o disco voador.

Com Mario Mattoso prossegui conversações sobre o tema e ele me falou em Jung. Também pude falar com o poeta Paulo Bonfim sobre isso, e com Roberto Piva, outro poeta, mas, com os poetas, os êxtases e as visões, as comunicações extra-sensoriais são experiências comuns. Assim também com Lindolf Bell.

Foi também com cientistas que eu falei, muitos me entusiasmaram e ficaram me explicando a proximidade destas visões e este modo de pensamento com a visão da relatividade, um deles foi Mário Schenberg. E sorria, porque todos eles me confirmavam o que meu velho pai, Paul Mautner, me havia falado sobre o assunto, em suas longas explicações de complicado português-germânico, com seu charuto e sua fumaça a me engasgarem, e complicadas fórmulas geométricas e matemáticas.

Meu vis-à-vis com a ciência, com as artes, com a mediunidade, com os discos e com a música (violino europeu e batuque negro) data de minha infância. E o olhar e a sensação de amor para com o Brasil, desde meu nascimento. Já pensaram como se ama a terra que te possibilita nascer, sabendo que do contrário você seria cinza de forno crematório nazista, na terra dos vampiros?

A negra da minha babá Lúcia, minha segunda mãe, que desapareceu velhíssima quando eu tinha 12 anos, era mãe-de-santo, e me entrelembro entre imagens fugidias de um passado em que deveria ter um ano, dois anos, três anos, cerimônias de terreiro com batuques ecoando, festas como em flashes, cenas rápidas que são o núcleo e o centro de minha inspiração musical, rítmica poética, a motivação pelo meu grande respeito pela arte negra, pela filosofia negra, pela missão do mundo negro afro-brasileiro. Quando me lembro dela, entro em transe. E é a mesma coisa que o disco voador. A leitura dos textos do superpensamento ocidental, a ciência de hoje, tudo isso me confirma como certo, os êxtases, as intuições anteriores. Em todas as leituras, na horizontal e na vertical.

É por isso, por ter sido eivado com tanta certeza histórica, ontológica, emocional, sensorial, côsmica e metapsíquica, que deve advir meu extremo otimismo, meu riso, minha certeza no amanhã florido e sem complexos de culpa na grandiosidade dessa nação-continente e no porvir consequente do planeta. Somos todos entidades, partículas, átomos.

O ta-ta-ta do zen é a iluminação no cotidiano, e em gíria seria: é isso aí.

Agripino de Paula, autor de Lugar Público e Panamérica, depois de sua viagem africana mora na Bahia. Nelson Coelho, de O inventor de Deus, oculta-se irradiando nas montanhas de São Paulo. Leminsky, de Curitiba, escritor de Catatau, esparrama sua pororoca com luz. Luis Carlos Maciel, artigos e poesias, o filósofo com visões, embebido pela Índia. Lucia Shybuia impublicada escreve a meu lado, chove. Os trópicos falam uma linguagem muito particular. Waly Sailormoon, da extinta coleção corda-bamba, autor de Me segura que eu vou dar um troço, aprende a fabricar árvores anãs e jardinagem no interior da Bahia. Jorge Salomão, o Jeca Total. José Simão e seu livro sobre vedetes. Muita gente escreve, é um ato religioso.

Letícia, Creusa Carvalho, Isabel Câmara, as amazonas.

E há mais, os que escrevem dentro dos sonhos e depois esquecem as palavras. Como se fossem feitas as letras destas palavras de um mármore leve e voador por detrás dos montes azuis da eternidade-veloz.

As palavras são arabescos de flores arrancadas da alma, são sons que também caem como notas nas bocas das trombetas dos anjos de Jericó a quebrar a muralha dos preconceitos. Às vezes são gordas e flutuam pelo ar feitas de plástico inflado azul, como anúncios de amor.

A natureza (talvez um teste de Deus) gosta de colocar sempre ao lado do homem um grande perigo do abismo. Guerra nuclear, suicídios, pessimismos variados. O demônio das várias formas. É talvez para aguçar o instinto de sobrevivência necessário à espécie, treino-ginástica de permanente superação, impulsos contra a inércia, a apatia, motivando o amor ao desafio.

Nas artes marciais aprende-se que uma força muito grande concentrada equivale a uma posição e postura de serenidade. É tamanha a quantidade de força adquirida que equivale a uma enorme não-força. É como o equilíbrio atômico: tanta força destrutiva possível que leva à paz.

Assim o raio laser, que é luz concentrada e colocada em linha reta fabricando o raio laser, que não mata, apenas imobiliza. O raio laser é uma arma da paz: a força limita-se a imobilizar, não destruir.

E cientistas hoje falam que daqui a uma década vão poder operar com a força gravitacional que segundo Einstein funciona em onda como a luz. Sua velocidade será maior que a da luz? Nesse caso o tempo retrocederá na onda gravitacional.

Levitações, energias ilimitadas.

O grande equívoco de muita gente e que motiva a depressão e uma atitude heróico-suicida aparentemente ativa e de combate, mas ocultando um grande niilismo, é o fato de elas considerarem sempre aquilo que se foi como melhor do que aquilo que vem. Daí seu pessimismo que possui mil ramificações, desde o veneno psíquico, à apatia, ao niilismo destruidor. A crença na velocidade da ciência, um aprofundamento nas possibilidades do presente-futuro que já começou são condições sine qua non para a abertura e a dadivosidade que surgem juntas com o otimismo e as atitudes construtivas.

Quem nos ensina as lições é o disco voador. Por ser a prova do mistério total e, no entanto, em contato com os homens, é o milagre.

Mais lamentáveis do que as pessoas que reduzem tudo a um jargão ecológico de 5º categoria & mecânico, são os que de outro espaço cultural reduzem tudo a um jargão psicanalítico, também de 5º categoria: o psicologismo de butique! (E estou falando de gente formada em universidades! Fariseus, homens e mulheres, que triste para Freud!)

À medida que considero tuas reações emocionais

agressivo-pessimistas-apocalípticas fora do cool, ibéricas fora do comedimento que para os gregos era a beleza, uma doença, uma neurose, não me emociono com elas. Instantaneamente ergue-se um muro do mais puro raio laser como escudo dourado defendendo-me ao infinito contra tuas radiações doentias. As flechas do teu veneno não conseguem sequer invadir o sistema auto-defensivo do meu ser nas fronteiras de primeira linha! Motivo: repito-o, meu cérebro detectou que tuas reações tendentes a enfraquecer meu entusiasmo pela vida, pela liberdade, pelo Eros, pela integração, a ordem, a harmonia foram consideradas como sendo originárias da escassez, do medo, da tua fragilidade: portanto, doença. Não me contagio. É a lei da sobrevivência da saúde. Espero que você melhore, o Tempo, essa 4º dimensão, faz milagres.

Se na velocidade da luz alcançamos a eternidade, pois estaremos no eterno presente (a 300.000 quilômetros por segundo), como será naquela velocidade que é maior que a da luz, e que deve ser a velocidade das ondas gravitacionais ainda em estudos em laboratórios soviéticos e norte-americanos? Como imagina o/a leitor/a a paisagem que fica para além da paisagem da eternidade?

A cada dia suas aflições. (ditado bíblico)

Caminhava encurvado, não ao peso dos anos, mas ao peso das preocupações em demasia. Foi só quando um relâmpago o atingiu em plena espinha dorsal num dia azul, em que relâmpagos estatisticamente são raros, quando até mesmo impossíveis, pois nuvens nem brancas existiam, foi que o rejuvenesceu. Isso estatisticamente também é raríssimo: não morrer ao ser atingido por um raio! Mas era um raio de Cupido, o mais sutil, ágil e importante dos deuses.

Passou a cantar e assobiar, entrando em contato com vários espaços e dimensões. O que aconteceu foi que por uma dessas trajetórias ao acaso de um disco voador eivado de mistério vindo do campo gravitacional do espaço Z, deixara-se atrair pelas ondas gravitacionais da Terra e sucedeu o relâmpago amoroso que, em vez de matar o preocupado rapaz, abriu-o para o mundo.

Os deuses do Olimpo, das umbandas, dos candomblés, de todas as seitas conhecidas e por conhecer viajam em discos voadores, que são a materialização de Deus, que é tudo e é muito complicado, por isso aberto a infindáveis explicações e mais perguntas.

A astrologia da Babilônia deu ao povo judeu a Cabala e o sagrado candelabro, por isso em certos ditados de rabinos há uma sutil inteligência universal-astronáutica-zen: "a cada dia suas aflições", um amargo-irônico, um triste-alegre, um estoicismo com sorriso.

Mas o Cupido em questão era uma entidade helênica, seu lado apolíneo, seu lado dionisíaco era Eros, e Eros andava às vezes de mãos dadas com a Morte-Tanatos para tornar mais densa e forte sua presença.

A presença é tudo. Hermann Hesse diz que o Buda, ou qualquer iluminado, nota-se a sua presença até mesmo quando de costas. A cada um segundo suas capacidades, digo eu. Não precisamos ir tão longe, se observarmos a sua presença, leitor, leitora, por um gesto, um olhar, uma coisa construída: uma ponte de tijolos ou fantasia, um ato de trabalho coletivo, é o mesmo. Tem o mesmo teor. Valor, qualidade é isso: capacidade de emitir e receber vibrações sutilíssimas de informação divina.

Divina é a sobrevivência, é o superar-se continuamente (Nietzsche-Freud-Karl Jaspers), e divino é Elisete Cardoso, Silvio Caldas, Gal Costa e Maria Bethânia. Etc. Minha professora de História disse que castigaria quem usasse etc. Mas etc. é em si a ideia mais sintética da totalização-da continuação-da perpétua-transformação da espécie em linguagem, costumes e ousadias de sobrevivência. De Oswald de Andrade a Tristão de Ataíde não há contradição, assim como não há entre Gustavo Corção e Teilhard de Chardin. O coração de Deus criou a todos para enunciarem determinados ângulos, todos verdadeiros.

A pedra no meio do caminho de Carlos Drummond de Andrade (outro Andrade?) é o milagre, é a pedra da mutação na qual ele tropeça na estrada mineira, a caminho de 1922. A pedra já estava lá antes e depois. Guimarães Rosa descreve a mata misteriosa que viceja ao lado da Pedra que está parada em movimento, ao mesmo tempo, na paisagem encontrada pelo Drummond.

De Graciliano Ramos a Augusto dos Anjos, de Rosselini a Andy Warhol, de Nelson Pereira dos Santos a Augusto Comte, a preocupação do realismo mal contendo a explosão da religiosidade, é mínimo. Descrevem o tridimensional já engolidos pela quarta dimensão. Já nos falam do lado de lá.

O que nos irmana, como nação, como planeta, é este desejo de união, que é o amor. Aumentar o calor por entre nós mesmos, dentro e fora de nós mesmos. Um rádio ligado, uma TV são companhias humanas, os velhos tomando consciência, os discriminados sexuais até hoje retificados e objetivados malignamente por mentes maniqueístas tomando consciência, assim como a mulher, 50% da população mundial tomando consciência é como um enorme leque, uma enorme nação de maracatu, não posso me furtar, atômico!, a dançar como o cortejo da Grécia dionisíaca sonhada pelos além-românticos alemães.

O erudito e o popular? Divisões formais, maniqueístas. Claro. A educação dá-se por ondas simultâneas via satélite-via tambor.

Ondas de sensitividade, sensibilidade. A diminuição do teor de agressividade é dever geral de todos, e dos artistas em particular como líderes da sociedade planetária, que precisa respirar, amor, paz, trabalho, fruição, sede de infinito sem fim, sem fim, como no jazz, nas batucadas que jamais terminam. Um som penetra o outro continuamente.

Como me parece que este é o fim de mais um livro sem fim que escrevo, despeço-me dos leitores com aquela cumplicidade, que negativa ou positiva ou ambas nos une desde agora, e gostaria que me escrevessem, a essa editora Ground que topou lançar o livro — e é uma turma tão legal —, para que nos conhecêssemos melhor e o papo continuasse.

Das várias fontes gráficas cinematográficas nas quais o Tropicalismo e o pós-Tropicalismo beberam e depois irradiaram transformadas, poderíamos ainda detectar ao sabor do riquíssimo acaso: José Mojica Marins (o tenor sertanejo paulista premiado na França e consideradíssimo por Glauber), Mazzaropi (fabricador em massa de populismo), Walter Hugo Khoury (esteticismo kitsch — antevisão de alguns aspectos hollywoodianos da TV Globo), Fernando Campos (entre o cinema novo & novíssimo e depois), Antonio Calmon (Paranóia, que filme será esse?), Saraceni (ponte entre cinema novo e agora?).

Bôscoli & Menescal: "dia de sol, festa de luz, e um barquinho a navegar..." (novamente o ideograma--mágico-arquetipal-inicial de uma baía) e Menescal foi habitar as profundezas das águas em sua pesca submarina, onde agora ele já não mata mais os peixes, pois segundo ele o peixe fica te olhando bem perto dos olhos e da boca como um anjo aquático.

É grande a faixa litorânea brasileira. Mas é também preciso colonizar o oeste e além. E Dora Ferreira da Silva, em 1959, a primeira que me captou de um modo ontológico na apresentação de texto meu na revista *Diálogo* nº 13.

Mauro Rasi "caos", mergulhos profundos na histeria, agressividade tratada como o ornamental. Vicente Pereira, do infantil ao super-agressivo talvez sem o saber, a crueldade como prazer, mas também o outro lado: doçura oculta; ambos autores teatrais. E José Celso: superdotado Brecht tropicalizado do interior paulista, peca também (deve ser postura-mania da classe teatral!) por agressividade desnecessária para a profundidade do seu ser.

Maria Gladys e Helena Ignes (cinema novo, novíssimo) ausentes e agora no que parece ser uma onda de "renúncias" para a quietude e plenitude do ser? Ou para niilismos de desistências? Maravilhosas porque vivendo são obras de arte. Para Torquato Neto, poeta sensibilíssimo porém suicida (a doença foi mais forte), repito as palavras de Maiakovski (que também suicidou-se, pois a fraqueza num dado momento foi mais forte) "morrer não é difícil / difícil é a vida e seu ofício" para Iessienin, outro lamentável caso de suicídio. Meu lema: "Se o amanhã trará cada vez maiores sofrimentos, fabricaremos maiores entusiasmos para superá-los, absorvendo-os com a máquina invencivel do nosso entusiasmo! Todos temos que triplicar nossa produção!"

Mas que maravilhoso o contínuo e ágil ativismo dessa ex-vedete (e com isso toda uma glória circense), dessa magistral atriz: instinto indígena da mãe & lógica tortuosa alemã por parte do pai, de Norma Benguel! E o dadaísmo tropical de Chacrinha, até Dercy Gonçalves, até Chico Anísio da TV e Marília Pêra (trabalhadora-otimista) e Grande Othelo e Zé Trindade!

Rogério Duprat, Cozzella, Julio Medaglia, com quem duetei na TV de violino Bem-te-viu e mestre Perinho Albuquerque, molho baiano e lógica! Viva o trabalho permanente! E seu entusiasmo imanente.

Se tivéssemos um transferidor linear (geometria euclidiana simples) e tivéssemos de um lado o 0º, teríamos perto (perto porque não o alcançaríamos jamais, pois a abstração do absoluto é linear) deste misterioso zero grau J.R. Tinhorão, e do outro, perto dos 180º do outro lado (também apenas por muito perto pelos mesmos motivos do 0º oposto), Ezequiel Neves. Os dois críticos musicais radicais que se equivalem. Eu estaria com meu trabalho e visão, lá perto dos 90º do centro, como um democrata, um democrata duro, alerta aos ataques do inimigo, e sempre vagueando pelos outros graus, até mesmo os de outras geometrias... porém mantendo firme um núcleo central de equilíbrio ecológico.

"O tempo é um ladrão. Quando se descobre isso já é muito tarde." De Mariah Costa Penna, autora de Casa do Morro, Duda Hotel das estrelas. Escrevem pela noite. Chico Bezerra, que ficou cariciando um cão sarnento que subiu ao palco à tarde durante ensaio na concha acústica de Salvador-Bahia. Luis Fernando, um radical de todos os radicalismos como estrelas por aí. Antonio Bivar veste as paisagens todas como um conto de fadas real. José Vicente essencializa a linguagem com origens de missa. Como Milton Nascimento nos sons. Júlio Barroso e sua valorosa equipe da revista Música do Planeta Terra, visões-totalizantes. Jorge Andrade; café: o grande ciclo; e fantasmas que existem. Janete Clair é captação profunda de nervos nacionais. Raquel de Queiroz é lucidez nordestina de uma feminista antes delas. Mestre Pietro Ubaldi da Grande síntese, e a Eubiose de Walter Smetak. Todos caminhos para a grande abertura entusiasmada da vida. Comigo foi um disco voador que injetou um raio de luz, operação craniana como no tempo dos faraós? A cor era azul como a cor da libido e ação no dizer de Wilhelm Reich, o distante pai alemão do beat norte-americano. E quem foi Zé Arigó?

Risério Filho, papos sob o luar de Itapuã fosforescente sobre os Irmãos Campos concretos, Décio Pignatari e os computers poéticos. Todos escrevem à noite. À noite mudam os cães, os gatos, as marés (cabelos de Iemanjá em movimento), mudam todos os cérebros. Noite Rainha do Pessoa. Assis Brasil, o crítico-romancista que primeiro considerou o que escrevo de maneira sociológica. No sul do país brilha um sol lunar, mas um sol quente, campos de soja e mil fermentações. (Faltam nomes! Faltam dados!)

A estrela-de-davi é um símbolo astronáutico. E também, é claro, da Umbanda.

P.S.— E tenho que dizer neste final de livro num P.S. significativo, porque em todas as direções como o grande leque de vitória-régia do Amazonas, que a missão divina e suprema do poeta e do artista é harmonizar os conflitos, é diminuir a agressividade e os extremismos e os atritos e a violência e promover profunda união de todos os irmãos da nação que é continente, e que é o profundo florão das Américas de onde nascera a nova coisa (isso eu já disse em 1958 e repito-o agora), pois é de acordo com a profecia de Hegel, e me vem do disco voador e é verdade. A missão nacional do artista é a mesma que a missão internacional, por isso ele é tudo ao mesmo tempo, pois é missão dos artistas de todos os lugares e povos promoverem a união de seus irmãos para fazer brotar daí cada vez mais denso o significado da existência e da felicidade para todos, ao nível nacional e ao nível planetário, na horizontal e na vertical, aquilo que se aprofunda, adensa, também se alarga, cresce em direção a Deus.

CADERNOS ULTRAMARES